Ursula Kessel

Liebe

Agape – bedingungslose Liebe

BOOKS on DEMAND

Für Reinhard

Ursula Kessel

Liebe

Agape – bedingungslose Liebe

Bibliografische Information der Deutschen Nationalbibliothek:
Die Deutsche Nationalbibliothek verzeichnet diese Publikation in der Deutschen Nationalbib-
liografie; detaillierte bibliografische Daten sind im Internet über http://dnb.dnb.de abrufbar.

© *2018 Ursula Kessel, Lübeck*

Illustration/Titelbild: Helga Grimm

Herstellung und Verlag: BoD – Books on Demand, Norderstedt

ISBN: **978-3-7528-3413-0**

Inhalt

Agape

bedingungslose Liebe

Wer einmal die zauberhafte Partitur „Wer uns getraut" aus der Operette von Johann Strauss „Der Zigeunerbaron" gehört hat, der vergisst vermutlich die Melodie nicht mehr:

„Liebe, die Liebe ist eine Himmelsmacht!"

Dabei geht es um die Liebe zwischen zwei Menschen, und auf die Frage: „Wer uns getraut?" folgt die Antwort: „Der Dompfaff, der hat uns getraut." - womit nicht der üblicherweise für Eheschließungen zuständige „Dompfaff" gemeint ist, sondern der Singvogel, also ein Teil der Natur; die freie Liebe, nur dem „Gesetz der Natur" folgend, hat das Paar zusammengeführt:

„…Liebe, wo Liebe daheim, die Himmelsmacht".

Dieser Rückgriff auf eine hübsche, vielleicht auch als rührselig oder kitschig empfundene Operette soll dazu anregen, sich diese Zeilen als kleine begleitende Melodie ins Gedächtnis zu rufen, wenn es im Folgenden um den Versuch einer Definition der Agape und ihre Abgrenzung von verschiedenen anderen Formen der Liebe geht.

Was ist Agape im Vergleich zu all den anderen Begriffen der Liebe? Spricht man in unserem „westlichen" Kulturkreis von Liebe, so ist dieses Wort im Allgemeinen vieldeutig und in seiner jeweiligen Bedeutung nur im Zusammenhang mit einer weiteren Aussage eindeutiger zu verstehen. Aber von diesem sozusagen alltäglichen Wortgebrauch soll hier nicht die Rede sein, sondern von einem viel tieferen, ja anspruchsvolleren Sinngehalt einzig und allein der Agape.

In der Terminologie der griechischen Antike finden sich vier Begriffe: **Agape** (ἀγάπη), eine göttliche oder von Gott inspirierte Liebe,

Eros (Ἔρως) wird als eine begehrliche Liebe beschrieben. Sie kommt unserer heutigen Vorstellung von Liebe und damit der Liebe des Operetten-Paares wohl am nächsten.

Philia (φιλία), die freundschaftliche Liebe, ist sehr umfassend und kann sich auf weite Gebiete ausrichten – siehe „frankophil" als Beispiel für Frankreich Liebende oder die Philosophie, die Liebe zur Weisheit, und

Porneia (πορνεία), eine Liebe, die man kaufen und verkaufen kann, kann auch heute nicht missverstanden werden.

Agape wird manchmal als „göttliche Liebe" bezeichnet – aber was sagt uns das heute? Wer auf die Musik zurückgreift, wird feststellen, dass es eine Vielzahl – ein Universum! – von musikalischen Schöpfungen gibt, die sich auf die göttliche Liebe bezieht. Und die Themenbeiträge, Literatur, Essays etc. sind ungezählt. In der Theologie ist die Liebe, sind Eros und Agape zentrales Thema im Christentum.

Die Enzyklika DEUS CARITAS EST, die Papst Benedikt XVI am 25.12.2005 veröffentlicht hat, lässt erkennen, dass sowohl Eros als auch Agape im theologischen Blickwinkel in erster Linie als zwischenmenschliche, durch Attribute wie „aufsteigend" und „absteigend" gekennzeichnete Liebe gesehen wird, also eher in menschlich-hierarchischer Sichtweise im Hinblick auf Gott. Die als im Glauben gründende und vom Glauben geformte Agape entspricht dabei der schenkenden, absteigenden Liebe und umfasst gewissermaßen die aufsteigende, Gott suchende Liebe des Eros. Dieses Bild, so Benedikt, sei in der Erzählung von der Jakobsleiter symbolisiert.

Im 1. Buch Mose, 28.10–22 – Jakob schaut die Himmelsleiter – wird geschildert, wie Jakob, der Sohn Isaaks, auf der Reise von Beerscheba nach Haran sich zum Schlafen niederlegte und träumte: „... eine Leiter stand auf Erden, die rührte mit der Spitze an den Himmel, und siehe, die Engel Gottes stiegen daran auf und nieder." Und Gott versprach ihm das Land und viele Nachkommen, seinen Segen und Schutz. Nach seinem Erwachen erkannte Jakob die Heiligkeit dieser Stätte: „Hier ist nichts anderes als Gottes Haus, und hier ist die Pforte des Himmels." Und er nannte sie Beth-el, das Haus Gottes.

Letztlich sei, so Benedikt, jedoch „Liebe" eine einzige Wirklichkeit. Ich verstehe hier die Wirklichkeit als „wirkenden Fakt". Benedikt führt hier die Liebesbegriffe Eros und Agape wieder auf einen einheitlichen zurück, was ich so nicht nachvollziehen kann: wenn wir beim Bild der Himmelsleiter bleiben, ist zwar der Weg als solcher derselbe, aber die absteigende bzw. aufsteigende Liebe, wie sie vorher definiert wurde, scheint mir doch von unterschiedlicher „Qualität" zu sein.

Durchgehend werden menschliche „Bilder" auf Gott übertragen, der sich - quasi in entsprechender Weise empfindend - als Liebender mit der ganzen Leidenschaft wirklicher Liebe des Eros zeigt, der „zugleich so gereinigt … mit der Agape verschmilzt."

Ist es so schwer, auch für einen Papst, sich Gott gedanklich anzunähern, ohne sich „ein Bild zu machen", das nur menschlichen Kriterien entspricht? Oder wird ER auch vom „Stellvertreter Christi" auf Erden als persönliches Gegenüber, als „Person" gesehen?

Die Bildhaftigkeit der biblischen Sprache wird m.E. mit fortschreitender Zeit zunehmend auch von hochrangigen Theologen nicht mehr ausreichend vermittelt. Mir scheint eine der Zeit angemessene „Übersetzung" der biblischen Bilder

5

zu fehlen, was dazu führt, dass die Bibel überwiegend nur noch als „Märchenbuch" mit - teilweise - historischem Hintergrund verstanden wird. Schade!

Christliche Kirchen befassen sich aber in ihrer Grundaussage nach wie vor tiefgehend mit der Definition von Agape und Eros. Doch mit dem Wandel gesellschaftlichen Selbstverständnisses, das gegenwärtig von einer materiellen Welt, vor allem von Konsum und materiellem Besitz geprägt ist, scheint die Frage nach göttlicher Liebe allerdings geradezu überholt, das Wort selbst außerordentlich fremd zu sein.

Die im materiellen Weltbild immer weiter fortschreitende Wissenschaft entwickelt dazu entsprechende Theorien. Sie reichen von der Annahme, dass die romantische Liebe erst im 18. Jahrhundert quasi revolutionär „erfunden" wurde - ungeachtet des Hohelieds der Bibel - über die Definition von Liebe als biochemischem Produkt bis zur Reduktion auf einen Kommunikationscode auf der Basis von Büchern und Filmen. Oder sie lässt Liebe nur noch als Weltdeutung ohne eigenes „Wesen" stehen, letztlich als Konstrukt oder Erfindung. Oder auch als Ware, die zielgerichtet getauscht werden kann, also Porneia. Die Bewertung dieser Entwicklungen mag jeder selbst vornehmen. Sie alle sind dem materialistischen, naturalistischen Weltbild der Gegenwart zuzuordnen, das eine andere, geistige Welt negiert oder zwar für möglich aber für uns nicht relevant befindet.

Wenn wir etwas tiefer schauen, stoßen wir auf Begriffe von spirituellen und metaphysischen Verbindungen zwischen Menschen, auf eine

„gemeinschaftliche" Liebe, auch um eine Bezeichnung für das Sakrament der Heiligen Eucharistie geht es.

Raum und Zeit

Es ist zu erkennen, dass sich eine Gegenbewegung zum reinen Naturalismus formiert: Physiker, Chemiker, auch Biologen, wenden sich über philosophische Zweige der Forschungsrichtungen über quantenphysikalische Erkenntnisse der Möglichkeit der Existenz einer geistigen Welt zu.

Was hat das mit Liebe zu tun?

Wenn wir darin übereinstimmen, dass Liebe existiert, und zwar definitiv in verschiedenen Arten, müssen wir davon ausgehen, dass Liebe in Raum und Zeit, präzise: dass Liebe potentiell im Menschen besteht.

Nun ist der Mensch zweifellos Teil der materiellen Welt, was bedeutet, dass die Quantenphysik auch für das menschliche Wesen Gültigkeit hat. Und das bedeutet kurz zusammengefasst:

Physikalisch betrachtet besteht der Mensch wie alle Materie aus kleinsten Teilchen = Quanten. Um Atomkerne bewegen sich Elektronen, die entsprechend der dualistischen Natur des Universums in zwei Zuständen existieren: als (Elementar-)Teilchen und als Welle (der sog. Welle-Teilchen-Dualismus). Grundsätzlicher Bestandteil der Quantentheorie ist eine besondere Eigenart der Elementarteilchen. Werden die Zustände der „Teilchen" gemessen = beobachtet, haben sie Teilcheneigenschaft, das heißt, sie sind kristallisierte, „greifbare" Materie. Sind sie jedoch unbeobachtet, befinden sie sich im virtuellen Zustand von Wellen. Elektronen oszillieren also zwischen Wellenzustand und Materie, je nachdem, ob sie beobachtet sind oder nicht. Quanten „springen" zwischen verschiedenen Energiezuständen.

Hans-Peter Dürr, Physiker und Träger des Alternativen Nobelpreises, hat in diesem Zusammenhang die Materie als „geronnenen Geist" bezeichnet[1]. Damit ist gesagt, dass Quantenwellen auch als Geist verstanden werden können. Quantenwellen transportieren in rudimentärer Form Informationen über Wahrscheinlichkeiten[2], und zwar in allen Teilen des Universums, und sie gehen auch von uns Menschen aus. Information ist überall!

Bezogen auf Aussagen zu spontanen Mutationen schreibt Lothar Schäfer auf Seite 106, letzter Absatz:

„Sie können eine Richtung haben, weil Übergänge zwischen Quantenzuständen von Übergangswahrscheinlichkeiten geregelt werden, die von den Wellenfunktionen der beteiligten Zustände abhängen … Aus den

---

[1] Dürr, H.-P. (5. Auflage 2016). *Es gibt keine Materie!* Amerang: Crotona Verlag GmbH & Co.KG.

[2] Schäfer, L. (2004). Versteckte Wirklichkeit - *Wie uns die Quantenphysik zur Transzendenz führt.* Stuttgart: S. Hirzel Verlag.

Unterschieden in Übergangswahrscheinlichkeiten ergeben sich für einige Zustände Begünstigungen, weil die entsprechenden Übergänge wahrscheinlicher sind als andere."

Kann eine Entwicklungsrichtung von Materie aus der Potentialität des Universums - bzw. des Geistes - postuliert werden?

Ich denke, wir Menschen beeinflussen die Realisierung von Wahrscheinlichkeiten aus der Potentialität, der Potentia des Aristoteles. Denn, so Schäfer auf S. 99 zu der Bedeutung von virtuellen Zuständen:

„Man muss annehmen, dass die Zustände höherer Energie - ... - auch existieren, obwohl sie leer sind und daher nicht in einem materiellen Sinn wirklich sind."

Aber sie haben die Möglichkeit, wirklich zu werden, wenn das System in diesen Zustand hineinspringt, ihn also „besetzt".

Deshalb meine ich, die Potentialität ist zwar immer als ganze vorhanden, steht aber nicht immer und überall voll zur Realisierung bereit. Durch die quantenphysikalischen Gesetze ist also längst nicht „alles möglich" – aber vieles! Veränderungen in der Materie werden begrenzt durch die geltenden Naturgesetze unserer Welt.

Kann die „Schnittstelle" zwischen den beiden Zuständen Materie und Welle Ort des Kontaktes zwischen zwei Welten sein? Kann hier die Welt des Geistes auf Materie wirken?

Ich bin der Auffassung, dass der „Kern" des Menschen seine Seele ist, dass die höchste Form der Liebe Agape ist (worauf ich noch konkreter eingehen werde), und dass Liebe im Kern des Menschen, in seiner Seele, lebt.

Ich hoffe, dass die folgende Grafik die Theorie illustrieren kann. Der Mensch ist Geist und Materie. Dort wo Quantenwellen ihre Informationsgehalte austauschen, ist Agape. Der äußerste, hier nicht dargestellte Bereich ist materiell zu verstehen.

Bitte sehen Sie mir nach, dass es sich nur um eine grobe Darstellung eines Rahmens handeln kann. Tatsächlich ist das von mir angenommene System „unscharf" mit zahlreichen Überschneidungen. Das tatsächliche Geschehen ist übergangslos, weil Geist und Materie im Leben nicht getrennt werden können.

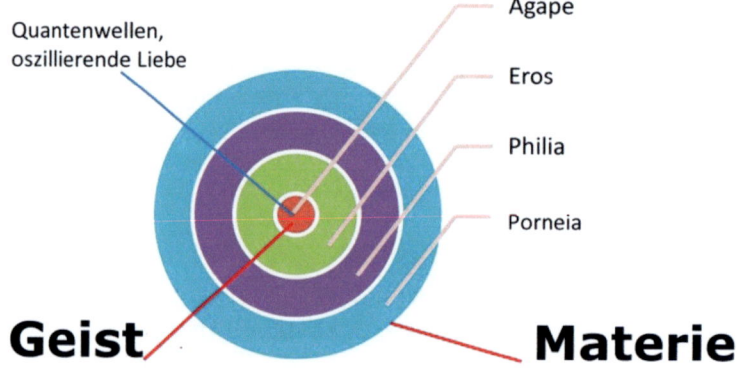

Quantenwellen, oszillierende Liebe

Agape

Eros

Philia

Porneia

Geist

Materie

Auch im Bild der Jakobsleiter (siehe S. 4) sehe ich den quantenphysikalischen Gehalt: es gibt eine universale Verbindung zwischen „Himmel und Erde". Auf dem Weg aller Wellen, also jeglicher Strahlung, wird Information transportiert. Und da wir Menschen inmitten eines Strahlen-Universums leben, sind wir potenziell nicht nur Empfänger sondern auch Sender von Informationen („Du hast so eine wunderbare Ausstrahlung…"): das, was wir denken und fühlen, also das, was unserem Geist entspringt, schicken wir in die Welt, auf eine Reise, deren „Endstation" wir nicht kennen, die aber existiert. Wenn wir Gott suchen, benutzen wir quasi eine Jakobsleiter, eine Verbindung zum „Himmel", die aus Quantenwegen besteht.

Göttliche Liebe

Wenn wir Gott suchen, suchen wir - auch wenn doch alles potentiell seine Schöpfung ist - vermutlich nicht in der Materie. Die Suche nach Gott in der Materie ist den Pantheisten vorbehalten, die IHN als Bestandteil des Materiellen sehen. [3]

Es kann sein, dass wir nicht einmal merken, dass wir nach dem Göttlichen suchen. Aber eine Sehnsucht ist da.

Wenn wir nach Liebe suchen, ist ebenfalls eine Sehnsucht da, vermutlich denken wir aber eher an erotische Liebe, die mit materiellen Vorstellungen verbunden ist, nämlich mit einer leiblichen Liebe, mit einem Körper, einem Menschen also.

Wenn Leib und Seele eines Menschen zu innerer Einheit finden, ist er „er selbst", und wenn dieses Selbst sich in der Liebe zu einem anderen Menschen mit diesem verbindet, ist das eine wunderbare Einheit, ein großes Glück und

---

[3] Ich setze hier ein dualistisches Weltbild – Materie und Geist – voraus und zweifle nicht daran, dass das, was wir Gott nennen, im Geist, im „Großen Geist" gefunden werden kann, der größer ist als Universen und unsere menschliche Vernunft übersteigt.

eine Erfüllung, und aus dem Eros entsteht im besten Fall eine glückliche Familie.

Dieses Glück kann ausstrahlen in die Welt, aber es hat noch nicht den Schritt zur Agape getan.

Gott ist in der Welt, der Große Geist der Welt erfüllt seine Schöpfung ganz. Wir müssen ihn nicht irgendwo in der Ferne suchen, denn er ist in uns, in jeder Faser unseres Selbst. Wir können wählen und denken und recherchieren und mit Vernunft und Logik vorgehen: das führt uns nicht zur Agape; aber es ändert nichts daran, dass Gott IST. Nur eines ist nicht: Gott ist zwar innerhalb unserer Welt, aber er ist nicht Bestandteil dieser Welt im physikalischen Sinn.

Wenn wir unsere „Fühler", unsere Sehnsucht, ausstrecken nach dem Göttlichen, kommt Agape, die göttliche Liebe, unserem intuitiven Suchen entgegen, denn Agape öffnet unsere Sinne für all das, was wir in Materie und Geist wahrnehmen können. Eine innere Tür geht auf, es öffnet sich gewissermaßen ein Spalt für alle die Möglichkeiten, die wir bisher nicht gesehen oder die wir negiert haben, und dieser Spalt lässt sich nicht mehr schließen: wir werden nach und nach erfüllt von einer alles umfassenden Liebe, einer Liebe zur Welt, egal wie schrecklich diese Welt sein mag, einer Liebe zum Universum, von dem wir noch nicht einmal wissen, was genau dieses Universum umfasst. Und wenn es auch andere Welten geben mag, die noch niemand kennt: diese Liebe, die göttliche Agape umfasst alles und ist eine Erfüllung in uns, die uns auch – jetzt ganz bewusst – mit Gott erfüllt. Zweifel sind vorbei, Vertrauen ist geboren. Gott IST.

Es wird immer diejenigen geben, die uns vorhalten werden, das sei alles nur Autosuggestion oder eine Wirkung der chemischen Botenstoffe in unserem Gehirn. Aber was beweist das? Die Grenzen der durch die Naturwissenschaften erkennbaren Erscheinungen mögen sich ständig verschieben: bis auf den Grund dieser metaphysischen, transzendenten Dinge wird m.E. eine naturwissenschaftliche Forschung nicht vordringen können. Ihre Existenz schlicht zu bezweifeln, ist mir zu einfach. Hier sind die Geisteswissenschaften gefordert!

Bedeutung

Dieses Bewusstsein der göttlichen Agape überwindet zunächst einmal unsere eigenen Zweifel, trifft aber in der Regel auf Mitmenschen, die kein Verständnis dafür haben, wie man entgegen einer Vielzahl von Argumenten, die aus den Erfahrungen mit der materiellen Welt kommen, eine solche Gottes-Erfahrung haben kann. Und wer sie hat, strahlt sie aus! Sein Leben ändert sich. Aber er wird in der Regel nicht verstanden.

Das Problem liegt darin, dass sich Gottes-Erfahrung bisher nicht mit den physikalischen Grundlagen unserer materiellen Welt in Einklang bringen lässt. Es kann aber – logisch – nicht sein, dass, wenn die Welt Gottes Schöpfung ist, dieser Schöpfer-Geist mit seiner Welt nichts zu tun hat. Naturwissenschaftlich betrachtet: „Er" müsste in irgendeiner Weise „beweisbar" sein – was nach den gängigen Anforderungen der Naturwissenschaften nicht möglich ist. Wenn Menschen Gott beweisen könnten, würden wir uns mit der gesuchten Welt-Formel selbst zu Schöpfern aufschwingen, die mehr als nur Maschinen, Computer, Künstliche Intelligenz, Gen-Technik etc. erfinden und beherrschen könnten.

Wir Menschen haben eine große Macht über die Materie errungen, die auf dem Weg über Liberalisierung und rein materielles Streben die Welt hin zu einer globalen Herrschaft von - legalen oder illegalen - Konzernstrukturen zu verändern scheint. Ausschließliche Rücksicht auf materielle Gewinne ist damit verbunden, dass Rücksicht auf das Leben auf der Erde schwindet. Das Geld regiert.

Aber im Kern des Menschen, in der Seele, lebt die Liebe, und in der Quantenphysik ist nachvollziehbar, dass in Quantenwellen Informationsgehalte – Geist! – vermittelt werden. Geist äußert sich im Menschen über das Bewusstsein, und Menschen, die von Gott und Agape, der Liebe, erfüllt sind, strahlen dieses aus. Und sie können daher und damit Einfluss nehmen auf universale Entwicklungen. Dies ist eine neue Hoffnung.

In diesem Zusammenhang möchte ich noch einmal Lothar Schäfer zitieren: [4] auf Seite 136 schreibt er:

> „Alles im Kosmos hat mit Ordnung zu tun. Wenn die Wirklichkeit an sich die Natur eines Bewusstseins hat, dann muss der Hintergrund des Universums eine geistige Ordnung genauso wie eine physikalische Ordnung haben, und im menschlichen Geist erhebt sich diese Ordnung (…) auf die Stufe der Sittlichkeit."

Die physikalischen Grundlagen der Natur von Wellen und Informationsübermittlung zusammen mit dem, was wir als „Bewusstsein" verstehen, führt mich zu dem Satz:

---

[4] Schäfer, L. (2004). *Versteckte Wirklichkeit - Wie uns die Quantenphysik zur Transzendenz führt.* Stuttgart: S. Hirzel Verlag.

Was wir denken, ist in der Welt, nicht nur in unseren Köpfen. Diese quanten-physikalische Tatsache ist geeignet, die Welt zu verändern.

Agape – bedingungslose Liebe durchbricht Raum und Zeit.

Wie ist das zu verstehen?

Raum und Zeit bestimmen das materielle Universum, und wir sind Zeit unseres Lebens Teil davon und davon abhängig. Die drei Dimensionen der Materie[5] sind weitgehend erforscht, aber die sog. 4. Dimension, die Zeit, entzieht sich bisher einer klaren Definition.

Solange wir uns körperlich innerhalb dieses Systems des uns bekannten Universums befinden, sind wir nicht in der Lage, die „Wahrheit" dieses Systems komplett zu erfassen, wie es ein „Beobachter von außen" beurteilen könnte.

Aber wir können natürlich unterschiedlichste Theorien zur Zeit entwickeln und darüber versuchen, das System des Kosmos zu verstehen.

Stephen Hawking hat z. B. durch einen mathematischen Kunstgriff aus der Zeit – in unserem Sinn – eine vierte Raumdimension gemacht, wodurch es ihm gelungen ist, eine grenzenlose Raumzeit zu begründen. Diese sog. „no-boundary-condition", die „keine-Grenzen-Bedingung", ist erfüllt, wenn man die Zeit - mathematisch - imaginär macht. Er vermeidet damit die Annahme einer

---

[5] Es gibt Theorien, die von einigen weiteren Dimensionen ausgehen – häufig wird von einem 11-dimensionalen Universum ausgegangen, was hier aber ohne Belang ist.

Singularität, d. h. eines ausdehnungslosen Anfangspunktes für den sog. Urknall. Anstelle dieser uns schon lange bekannten Theorie des Urknalls aus dem sog. Inflaton hat Hawking einen Begriff gesetzt, der den vierdimensionalen, bewegungslosen Raum ohne Zeitfluss meint: das Instanton.

Dies alles dient Hawking zur Vermeidung eines Schöpfers.

Aber so ganz „nebenbei" ist dabei eine „imaginäre Zeit" entstanden, was für mich sehr wichtig ist:

Die Frage nach der Zeit ist auch eine Frage danach, ob es das JETZT, diesen kurzen Moment, der eigentlich immer schon vorbei zu sein scheint, überhaupt gibt und vor allem, ob das Jetzt gekennzeichnet ist durch Raum und Zeit bzw. ob das JETZT eine imaginäre oder reale Zeit ist.

Meine Gedanken gehen dahin, dass das JETZT die einzige reale Zeit ist, und dass Vergangenheit und Zukunft eher Fiktionen sind, Abstraktionen aus den konkreten Erlebnissen im Jetzt, um die Kommunikation der Menschen auf einer gemeinsamen Basis, auf einem ordnenden Konstrukt zu ermöglichen. Kurz: wir brauchen Uhren und Kalender in unserer Ordnung, um den Alltag sinnvoll zu dokumentieren, zu strukturieren und zu planen. Diese „Zeitform" des Alltags, die wir als Vergangenheit, Gegenwart und Zukunft bezeichnen, ist fließend, und ich bezeichne sie als „imaginäre Zeit".

Stephen Hawking hat nach meiner Auffassung - ungewollt - die an die materielle Welt gebundene Zeitdimension von der realen Jetzt-Zeit, einer geistigen Dimension, abgelöst.

Renate Schinze hat in einer kurzen Abhandlung zum Thema Zeit gesagt: „In uns vollzieht sich der Kosmos." Und er vollzieht sich immer im Jetzt des Einzelnen! Dieser Augenblick ist der einzige Moment für ein Individuum, der wichtigste für unsere Möglichkeit zu handeln, denn in ihm liegt das bewusste Leben. Im Jetzt schicken wir unsere Quantenwellen in den Kosmos, auf den Weg zur Wirksamkeit.

Im Jetzt erleben wir die Liebe – zwei Menschen, die liebend EINS geworden sind, erfahren, dass Raum und Zeit keine Bedeutung mehr haben!

Dieser Moment des stehenden „echten Jetzt", in dem Raum und Zeit keine Bedeutung mehr haben, ist nicht nur Liebenden bekannt: wir alle können in selbstvergessenen Momenten, auch im Hochleistungssport auf solche Ereignisse treffen – an dieser Stelle vorhandene Beispiele zu benennen würde zu weit führen. Es gibt etliche davon.

Zur Verdeutlichung noch einmal meine Definition des Unterschiedes von realer und imaginärer Zeit, denn in unserem Alltag verstehen wir Zeit gewöhnlich genau entgegengesetzt – wenn wir überhaupt differenzieren:

Die imaginäre Zeit ist „fließendes Jetzt",

es ist das, was wir für das normale Wesen der Zeit halten: sie ist dadurch geprägt, dass die individuellen Gedanken an Vergangenheit, Gegenwartsprobleme und Zukunft den „Platz des realen Jetzt belegen". Das Bewusstsein richtet seine Aufmerksamkeit nur auf das Fließende in der materiellen Welt, auf die von Hawking definierte imaginäre Raum-Zeit. Sein Wesen ist Fiktion.

Dieses Jetzt ist also gekennzeichnet durch Raum-Zeit, *soweit es aus Raum und Zeit resultiert*: die oben genannte materiell gebundene und daher bewegte, fließende, imaginäre Zeit.

Reale Zeit ist „stehendes Jetzt".

Sie geht über die imaginäre Zeit hinaus, ist gekennzeichnet durch ihr geistiges Wesen und ohne die materielle Bindung. Sie ist eine Brücke zum Geist des Universums. Wir könnten sie „Teil der Ewigkeit" nennen, in der die ewige Liebe, die göttliche Agape, aus der Potentialität, der Potentia des Aristoteles, sich realisieren kann. Wenn wir diese Brücke wahr-nehmen, realisieren wir die Verbindung des aktuellen Bewusstseinsmomentes zum Großen Geist, der die materielle Welt übersteigt.

Wenn es neben der materiellen eine zweite, geistige Welt gibt, kann diese geistige Welt nicht durch Raum und Zeit bestimmt sein. Sie ist anders. Die physikalische Faktenlage geht davon aus, dass unser Universum zu ca. 95% aus Dunkler Materie und Dunkler Energie besteht. Von Geist ist hier nicht die Rede – aber was verbirgt sich z. B. hinter der Dunklen Energie?

Wenn eine nicht bestimmte, nicht weiter bestimmbare geistige Welt, die „Domäne" des Geistes, das Reich Gottes ist, wenn Agape die von Gott geschenkte, absteigende Liebe ist und uns mit der Welt und IHM verbindet, ist die Grenze zwischen beiden Welten durchbrochen bzw. überbrückt. Diese Liebe ist dann eine übernatürliche, nicht von dieser - materiellen - Welt, entstanden und gekennzeichnet durch eine übernatürliche Form der Kommunikation. Die „Pforte des Himmels".

Wenn wir uns fragen, wie dieser Durchbruch funktioniert, ist eine Theorie nicht greifbar, so wenig wie eine Theorie zu Gott wirklich sein kann. Vielleicht ist aber der jetzt noch virtuelle - fließende! - Schnittpunkt zwischen Welle und Teilchen irgendwann durch wissenschaftliche Methoden als Übergabe-Bereich von Informationen nachweisbar - vielleicht.

Wenn das aber nicht geschehen sollte, ändert es nichts daran, dass dieser übernatürliche Kommunikationsweg zur „Großen Liebe Agape" existiert, wenn wir uns öffnen und unseren oft doch sehr eingeengten Blickwinkel auf die uns umgebende materielle Welt verlassen.

Selbst wenn sich durch diese Annahmen keine neue Physik begründen lässt und sich kein Anhänger des Naturalismus von seinen Theorien abbringen lässt, hat diese neue Weltsicht, die die Kluft zwischen Geist und Materie praktisch überbrückt, den unschlagbaren Vorteil des ethischen Gehalts. Sie bringt die Hoffnung in eine gnadenlose materialistische Welt.

Können wir Agape erkennen?

Zuerst muss hier aus dem Paulusbrief an die Korinther zitiert werden (1 Korinther13, 1-13). Diese Beschreibung der Liebe, die ohne Differenzierung zwischen Eros und Agape auskommt, spricht wahrhaft für sich bzw. für die wirkliche grundlegende Bedeutung für das menschliche Zusammenleben. Dieses Liebes-Gebot sollte nach Christi Willen die Welt umkrempeln:

> Wenn ich mit Menschen- und mit Engelzungen redete und hätte der Liebe nicht, so wäre ich ein tönendes Erz oder eine klingende Schelle. Und wenn ich prophetisch reden könnte und wüsste alle Geheimnisse und alle Erkenntnis und hätte allen Glauben, sodass ich Berge versetzen könnte, und hätte der Liebe nicht, so wäre ich nichts.

> Und wenn ich alle meine Habe den Armen gäbe und meinen Leib dahingäbe, mich zu rühmen, und hätte der Liebe nicht, so wäre mir's nichts nütze.

> Die Liebe ist langmütig und freundlich, die Liebe eifert nicht, die Liebe treibt nicht Mutwillen, sie bläht sich nicht auf, sie verhält sich nicht ungehörig, sie sucht nicht das Ihre, sie lässt sich nicht erbittern, sie rechnet das Böse nicht zu, sie freut sich nicht über die Ungerechtigkeit, sie freut

sich aber an der Wahrheit; sie erträgt alles, sie glaubt alles, sie hofft alles, sie duldet alles.

Die Liebe höret nimmer auf, wo doch das prophetische Reden aufhören wird und das Zungenreden aufhören wird und die Erkenntnis aufhören wird.

Denn unser Wissen ist Stückwerk und unser prophetisches Reden ist Stückwerk. Wenn aber kommen wird das Vollkommene, so wird das Stückwerk aufhören.

Als ich ein Kind war, da redete ich wie ein Kind und dachte wie ein Kind und war klug wie ein Kind; als ich aber ein Mann wurde, tat ich ab, was kindlich war.

Wir sehen jetzt durch einen Spiegel in einem dunklen Bild; dann aber von Angesicht zu Angesicht. Jetzt erkenne ich stückweise; dann aber werde ich erkennen, gleichwie ich erkannt bin.

Nun aber bleiben Glaube, Hoffnung, Liebe, diese drei; aber die Liebe ist die größte unter ihnen.

Diese ganz und gar nicht harmlose Herausforderung, in der Liebe zu leben, auf Gottes Liebe zu vertrauen, scheint heute so irreal zu sein, so abwegig angesichts der tatsächlich für die Mehrzahl der Menschen - und Millionen von Tieren - unerträglichen Zustände auf der Welt, dass man gar nicht daran zu glauben wagt, dass es möglich ist, sich darauf einzulassen.

Wenn gesagt wird, dass sie, die Agape, absolut bedingungslos ist, ist das ein schon fast übermenschliches Merkmal, sie ist nicht als Leistung denkbar, nur als Geschenk. Sie hat kein Verhältnis zur Gerechtigkeit, denn sie hat nichts mit menschlichen Kategorien zu tun. Sie ist - nicht nur - ein christliches Liebes-Ideal, in Allem sich Allem verbindend, aber sie hindert nicht die Fähigkeit zur Kritik an menschlichen Fehlern, verändert nicht eine objektive Sicht auf die Welt. Sie schafft Empathie und strebt nach Frieden.

Diese zueinander strebende Liebes-Empfindung ist auch ein Zuhause-Sein in dem Gefühl, geliebt zu sein.

Und sie begründet die Hoffnung auf eine bessere Welt.

Lasst es uns versuchen!

Gott ist Liebe

Agape ist der Friede Gottes

Ursula Kessel, im Mai 2018

Gott, die zu verehrende Wirklichkeit, ist GEIST. Der Mensch als Ebenbild Gottes – IMAGO DEI – ist ein geistiges Wesen in der imaginären Zeit, dem Spiegel der Ewigkeit. „In IHM leben wir, bewegen wir uns und sind wir." (Apg 17, 28).

Was für eine Glückseligkeit in LIEBE – EINEM UNBEKANNTEN GOTT – zu sein. Inkarnierte Liebe macht uns menschlicher, spirituelle Liebe geistiger.

Und die AGAPE wirkt beides zugleich.

Paul Imhof

Für Ihre Notizen

_____

_____

_____

_____

_____

_____

_____

_____

_____

Für Ihre Notizen

_____

_____

_____

_____

_____

_____

_____

_____

_____

Die fachliche Basis der Autorin ist breit angelegt: 30 Jahre in der Informationstechnik sind auch die Grundlage für die autodidaktische Hinwendung zur Quantenphysik. Kulturelles Standbein ist die langjährige Arbeit als Bildhauerin und Fotografin mit einer Vielzahl von Ausstellungsbeteiligungen in Deutschland, Italien und Dänemark. Als Spiritualin (Akademie St. Paul - ASP -) ist sie überzeugend in der Lage, Themen zu behandeln, die Geist und Materie gleichermaßen betreffen. Ihr Buch "Quantensprung in die Ewigkeit - Perspektiven einer Verschränkung von Physik und Glauben -" wurde 2016 in der Reihe "Strukturen der Wirklichkeit" beim Via Verbis Verlag veröffentlicht.